# L'ESPÉRANCE

W0321386

Direction : Romain Lizé
Direction éditoriale : David Gabillet
Édition : Claire Stacino
Réalisation graphique : Gauthier Delauné
Iconographie : Isabelle Mascaras
Relecture : Le Champ rond
Fabrication : Thierry Dubus et Julia Mirenda
Photogravure : Les Caméléons

© Magnificat S.A.S., 2021, pour l'ensemble de l'ouvrage.
57, rue Gaston Tessier, 75019 Paris.
www.magnificat.fr
Tous droits réservés pour tous pays.

Première édition : octobre 2021
Dépôt légal : octobre 2021
ISBN : 978-2-9171-4692-7
Code MDS : MT46927

# L'ESPÉRANCE

MAGNIFICAT

Paris • New York • Oxford • Madrid

# SOMMAIRE

# NOUS AVONS L'ESPÉRANCE

« Quand le ciel bas et lourd pèse comme un couvercle » (Baudelaire), l'existence quotidienne semble fermée sur elle-même. Mais dans l'épreuve, nous pouvons aussi partager l'expérience de saint Paul : *la vertu éprouvée produit l'espérance, et l'espérance ne déçoit pas puisque l'amour de Dieu a été répandu dans nos cœurs* (Rm 5, 4-5). Comme l'amour, l'espérance est une grâce, un don de Dieu qui nous promet la vie éternelle et nous ouvre ainsi un avenir à percevoir avec le cœur. Loin d'être vaporeuse, elle porte un nom : Jésus, le crucifié ressuscité. « Aie confiance en Dieu créateur, dans l'Esprit Saint qui meut tout vers le bien, dans l'étreinte du Christ qui attend chaque homme à la fin de son existence ; crois, il t'attend » (François). Notre espérance nous met en mouvement pour la vivre ici et maintenant. Dans la prière, nos engagements, elle nous invite à rendre l'avenir présent. Sur ce chemin, nous sommes précédés par la Mère de l'espérance : « Sainte Marie, Mère de Dieu, notre Mère, enseigne-nous à croire, à espérer et à aimer avec toi. »

David Gabillet
Rédacteur en chef de MAGNIFICAT

# 01
# LA FOI EST ESPÉRANCE

# « SAUVE-NOUS »

*« "Pourquoi avoir peur,*

*hommes de peu de foi ?"*

C'est la foi et l'espérance

qui sont malades dans l'âme

des Apôtres. »

Le **CARDINAL BERNARD PANAFIEU** (1931-2017) a été archevêque d'Aix-en-Provence puis de Marseille. Il a été créé cardinal en 2003.

Le vide crée la peur, la peur provoque la crainte et la crainte endurcit le cœur. Mais notre réaction n'est pas de l'ordre du durcissement mais de l'appel à la confiance. « Sauve-nous, Seigneur, nous sommes perdus. » C'est le cri des Apôtres dans une barque qui prend l'eau, alors que les vents se lèvent, que la pluie se déverse et les brouillards montent sur les rives du lac. Jésus apparemment dort à la poupe et il faut que ses compagnons s'approchent pour le réveiller et pour qu'ils s'entendent dire : *« Pourquoi avoir peur, hommes de peu de foi ? »* C'est la foi et l'espérance qui sont malades dans l'âme des Apôtres. Ils ont besoin de laisser résonner en eux la parole du prophète Isaïe : *« Ne crains pas, car je suis avec toi... Je te rends vigoureux et je t'aide... Je te saisis par la main droite. Je viens à ton secours. Le Saint d'Israël est ton Rédempteur. »* Il y a une thérapie de la peur. Elle se fonde sur la personne de Jésus. Déjà dans l'Exode le Seigneur dira : « Je serai avec toi » ou encore au Psaume 26 : *« Le Seigneur est ma lumière et mon salut, de qui aurai-je crainte ? »*

*Cardinal Bernard Panafieu*

# LA POUSSÉE DE L'ESPÉRANCE

« Par cette brebis égarée
Jésus a connu la crainte
dans l'amour. »

Profondément mystique, **CHARLES PÉGUY** († 1914), écrivain et poète, revint à la foi catholique en 1908 et fit plusieurs pèlerinages à Notre-Dame de Chartres. Son œuvre poétique forme une ample méditation sur les mystères de l'Incarnation et de la grâce.

*L'auteur médite la parabole de la brebis perdue.*

Par cette brebis égarée Jésus a connu la crainte dans l'amour. Et ce que la divine espérance met de tremblement dans la charité même. Et Dieu a eu peur d'avoir à la condamner.

Par cette brebis et parce qu'elle ne rentrait point au bercail et parce qu'elle allait manquer à l'appel du soir, Jésus comme un homme a connu l'inquiétude humaine, Jésus fait homme, il a connu ce que c'est que l'inquiétude au cœur même de la charité,
L'inquiétude rongeante au cœur d'une charité ainsi véreuse,
Mais aussi il a connu ce que c'est que la toute première pointe de la poussée de l'espérance.
Quand la jeune vertu espérance commence à pousser au cœur de l'homme,
Sous la rude écorce, comme un premier bourgeon d'avril.
Ainsi Geneviève était bergère mais Marie
Est la mère du berger même
Et tant qu'il y aura un bercail,
C'est-à-dire une bergerie,
Elle est la mère du berger éternel.

*Charles Péguy*

# EN ÉVEIL DANS L'ATTENTE

« Le combat entre l'espérance
et le désespoir dans notre attente
signifie que le nouveau
nous a déjà saisi. »

**PAUL TILLICH** († 1965) fut pasteur de l'Église luthérienne en Allemagne jusqu'en 1933. Sa dénonciation du nazisme l'obligea à gagner les États-Unis, où il enseigna la théologie et la philosophie.

Il y a deux formes d'attente : l'attente passive, dans la paresse, et l'attente réceptive, dans l'ouverture. Celui qui attend passivement dans la paresse empêche la venue de ce qu'il attend. Celui qui attend dans une tension tranquille, ouverte à ce qu'il peut rencontrer, œuvre pour sa venue. Une telle attente dans l'ouverture ou l'espérance accomplit ce que la puissance de la volonté ne parvient pas à faire pour notre propre développement intérieur. Les grands hommes religieux qui ont considéré leur propre transformation avec beaucoup de sérieux et qui ont usé de leur volonté pour la réaliser ont échoué et sont tombés dans le désespoir envers eux-mêmes. Ils ont demandé désespérément, comme beaucoup d'entre nous le font : pouvons-nous espérer vraiment un renouveau intérieur ? Qu'est-ce qui nous donne le droit de le faire, après nos échecs ? Il n'y a encore une fois qu'une réponse : attendre dans le silence intérieur, avec une tension équilibrée et une ouverture vers ce que nous pouvons seulement recevoir. Une telle ouverture représente la plus intense des activités : par sa force qui nous entraîne, elle fait grandir quelque chose de nouveau en nous. Alors, le combat entre l'espérance et le désespoir dans notre attente signifie que le nouveau nous a déjà saisi.

*Paul Tillich*

# UNE QUESTION DE DÉSIR

« Jésus … ne peut donner sa force à ceux qui le pressent … s'ils ne désirent … – d'un désir unique porté par une immense espérance. »

**FRANÇOISE DOLTO** (1908-1988) fut une pédiatre et une psychanalyste de grand renom. Elle a ouvert la psychanalyse au soin des enfants et a été pionnière dans le fait de montrer une compatibilité possible entre la psychanalyse et la foi chrétienne.

*L'auteur commente la rencontre entre Jésus et la femme hémorroïsse.*

« *Si je touche au moins ses vêtements, je serai sauvée.* » Aussitôt, la source d'où elle perdait le sang fut tarie et elle sentit dans son corps qu'elle était guérie de son infirmité. Aussitôt Jésus eut conscience de la force qui était sortie de lui et s'étant retourné dans la foule, il demandait : *« Qui a touché mes vêtements ? »* ...

Cela ne veut-il pas dire que l'on peut aborder, toucher, prendre contact, atteindre, mais que, si le désir qui est un appel de communication vivante, qui est une demande personnelle, si le désir donc n'est pas assumé, n'est pas devenu projet, on ne peut rien recevoir ? Jésus, lui-même, ne peut donner sa force à ceux qui le pressent de tous côtés s'ils ne désirent ni ne demandent avec la puissance authentique du désir, qui est oubli de soi et totale foi en l'autre – d'un désir unique porté par une immense espérance, jusqu'à l'oubli de soi dans la foi totale en l'autre.

C'est l'intention du désirant et l'intensité de sa demande seule qui suscitent la réponse. Ce toucher de la frange du vêtement de Jésus est une prière en acte. Jésus, source de dynamique vivante, y a répondu inconsciemment, mais l'homme en lui a senti qu'une force lui était dérobée. *« Ma fille, ta foi t'a sauvée. Va en paix et sois guérie de ton infirmité. »*

*Françoise Dolto*

# LE POUVOIR DE LA PRIÈRE

« La prière du croyant
a le pouvoir de faire réussir
dans le monde les miracles
de Dieu. »

Laïque et médecin suisse, protestante convertie au catholicisme en 1940, **ADRIENNE VON SPEYR** († 1967) fut une grande mystique. Collaboratrice du théologien Hans Urs von Balthasar, elle fonda avec lui un institut séculier, la communauté Saint-Jean, en 1944.

Élie est seul à prier, il le fait avec des paroles calmes et simples. Les autres étaient une foule innombrable et se comportaient comme des insensés ; ils mettaient tout en œuvre afin d'influencer leur dieu et de le fléchir par l'allure et la durée de leur danse et de leurs gesticulations. Élie témoigne du pouvoir accordé à la prière d'un seul croyant. Sa prière est exaucée. Et elle l'est parce que dans toute l'attitude de vie de l'orant, sa foi est perceptible, de même que son attachement au vrai Dieu, dont le pouvoir infini est pour lui une certitude. Élie fait voir encore que cette foi n'est nullement un phénomène de masse, qu'un seul saint peut suffire à amener tout le peuple à la conversion. Dieu écoute, certes, la voix de tout un peuple, mais il écoute aussi la voix d'un seul. Il se soucie des siens à l'heure de leur détresse, qui peut être l'heure de sa gloire. ... Le feu de Dieu dévore l'holocauste et absorbe l'eau. Il prouve que la prière du croyant a le pouvoir de faire réussir dans le monde les miracles de Dieu, dans une plénitude qui dépasse toute espérance.

*Adrienne Von Speyr*

# LE CHEMIN DE L'ESPÉRANCE

« Croyons-nous vraiment que Dieu s'intéresse à cette humanité qu'il a lancée dans la vie, à nous qui sommes "*l'ouvrage de ses mains*" ? »

Ordonné prêtre en 1969, évêque en 1988, le **CARDINAL ANDRÉ VINGT-TROIS** a été archevêque de Paris de 2005 à 2017.

Combien de fois nous est-il arrivé de rêver que les cieux s'ouvrent et que Dieu descend pour apporter aux hommes un peu de soulagement et de bonheur ? Combien de fois nous sommes-nous tournés vers lui pour lui dire : « Alors, fais quelque chose, par pitié. Nous n'y arrivons plus. » C'est ainsi que nous risquons de gauchir la promesse de Dieu et de passer à côté de son avènement quand il vient et qu'il agit. C'est peut-être un moment légitime de notre foi que d'imaginer Dieu comme celui qui va tout arranger. Mais si nous en restons là, c'est certainement le chemin le plus sûr pour connaître la déception et nous détourner de l'espérance. Dieu agit comme notre Rédempteur et notre Père en envoyant son Fils pour sauver l'humanité. Mais « *il est venu chez lui et les siens ne l'ont pas reconnu* » (Jn 1, 11). Qu'a-t-il manqué pour qu'il puisse être reconnu et accueilli ? Peut-être tout simplement de « *pratiquer la justice avec joie et de se souvenir de lui en suivant son chemin* » (Is 64, 4). Mais peut-être, encore plus profondément et plus simplement : la foi. Croyons-nous vraiment que Dieu s'intéresse à cette humanité qu'il a lancée dans la vie, à nous qui sommes « *l'ouvrage de ses mains* » (Is 64, 7) ?

*Cardinal André Vingt-Trois*

# LE CHRIST PRÉSENT EN NOUS

« Mettez-en lui toute votre espérance, pour la vie présente et pour l'éternité. »

**LOUIS BOUYER** († 2004), prêtre de l'Oratoire, a été professeur à l'Institut catholique de Paris, puis en Grande-Bretagne, en Espagne et aux États-Unis. Il a participé à la préparation du concile Vatican II, à la mise en œuvre de sa réforme liturgique et de son ouverture œcuménique.

Remettez-vous simplement et totalement au Christ dont la foi seule vous assure qu'il s'unit à vous au plus intime de votre cœur. Élancez-vous vers lui par un acte de foi joyeux et confiant, où vous soyez tout entier, mais sans rien de tendu. Mettez-en lui toute votre espérance, pour la vie présente et pour l'éternité. Par-dessus tout, donnez-lui votre amour : adorez le Christ présent en vous en lui ouvrant tout ce cœur dans lequel lui-même est venu d'établir. ... Demandez-lui avec une entière confiance de susciter cet amour et de l'entretenir ensuite. Ne recherchez pas d'autres sentiments, encore une fois, qu'une joie infiniment limpide et paisible, mais profonde infiniment : la joie de vous donner tout entier à celui qui se donne à vous tout entier. Mais si Dieu juge à propos de vous éprouver en ne vous donnant pas le sentiment de cette joie, n'en soyez aucunement découragé, votre communion ne sera pas moins fructueuse pour cela, car Dieu opère en nous infiniment au delà de ce que nous pensons et sentons, au delà même de nos prières. Dans ce cas, abandonnez-vous seulement à la volonté de Dieu en Jésus Christ, vous rappelant que la sainte Cène est l'objet de la foi, non de la vue. En vous donnant ainsi au Christ, n'oubliez pas qu'en même temps c'est à tous vos frères en Christ que vous vous donnez, de même qu'il vous les a offerts dans son Corps mystique avec lui-même.

*Louis Bouyer*

# DÉLIVRE-NOUS DU MAL

« Le Seigneur nous aide
à traverser avec la foi et l'espérance
les assauts du mal
de ce monde. »

Le **CARDINAL CARLO MARIA MARTINI** († 2012), jésuite, fut archevêque de Milan et auteur d'une importante œuvre exégétique spirituelle.

Posons-nous la question : comment le Père nous délivre-t-il du mal ? ... En présence du mal profond, de la mauvaiseté du mal moral, la stratégie [de Jésus] est très douloureuse, elle l'engage totalement, car il se charge lui-même de ces maux, il se laisse attaquer, déchirer par les cruautés humaines et il en triomphe par le pardon, l'offrande de lui-même pour nous sur la croix. ... L'invocation « délivre-nous du mal », en son sens profond fait donc appel à la mort et à la résurrection de Jésus. Le Seigneur ne nous prémunit pas contre les assauts du mal de ce monde, il nous aide à les traverser avec la foi et l'espérance de qui est assuré de la victoire. Plus grave serait le mal de céder à la tentation, de perdre la foi et l'espérance, de désespérer : de cela surtout demandons d'être sauvés. Alors le Père nous sauve comme il a protégé, sauvé, libéré Jésus à qui il a donné de vaincre définitivement l'ennemi. Le Père nous sauve en nous donnant la force de traverser les maux de cette vie comme des vainqueurs en espérance. Il s'agit d'une libération profonde qui n'a rien de tapageur ou de spectaculaire ; elle nous donne d'expérimenter mystérieusement la proximité amoureuse du Père. C'est avec cette espérance que nous demandons : délivre-nous du mal.

*Cardinal Carlo Maria Martini*

# ATTENDS LE SEIGNEUR

« Dès qu'il aura vu ta ferveur à le chercher et l'espérance inlassable que tu lui portes, il t'instruira, t'apprendra la prière véritable, te donnera le véritable amour qu'il est lui-même. »

**PSEUDO-MACAIRE** (v^e s.), auteur des homélies transmises sous le nom de Macaire, était un moine qui vécut sans doute à la fin du IV^e siècle et au début du V^e siècle en Asie Mineure (Turquie actuelle) ou en Syrie-Mésopotamie.

Attends le Seigneur sans cesse dans ton cœur, cherche-le par tes pensées, use de violence et incite ta volonté et tes sentiments à tendre à tout instant vers lui. Vois alors comme il vient à toi et comme il fait en toi sa demeure. ...

Oui, dès qu'il aura vu ta ferveur à le chercher et l'espérance inlassable que tu lui portes, il t'instruira, t'apprendra la prière véritable, te donnera le véritable amour qu'il est lui-même. Il deviendra alors tout pour toi : paradis, arbre de vie, perle de prix, couronne, architecte, laboureur, un être soumis à la souffrance, mais la dominant. En toi il devient homme, Dieu, vin, eau vive, brebis, époux, guerrier, arme – bref : le Christ tout en tous (1 Co 15, 28) ! ...

Que chacun s'examine donc lui-même pour savoir de quoi il se nourrit, où il vit, ce qu'il fréquente. Le sachant et ayant opéré un sage discernement, il pourra se livrer parfaitement à ses élans vers le bien.

*Pseudo-Macaire*

# DANS L'ESPÉRANCE DU MONDE À VENIR

« Notre foi-espérance sait qu'un jour *"les puissances des cieux seront ébranlées"*. »

**ALBERT-MARIE BESNARD** († 1978), dominicain, dirigea, en 1968, la revue *La Vie spirituelle*. Théologien et prédicateur, il a écrit de nombreux ouvrages de spiritualité.

Notre foi-espérance sait qu'un jour « *les puissances des cieux seront ébranlées* » (Lc 21, 26), c'est-à-dire que l'état actuel du cosmos subira une métamorphose imprévisible, par l'irruption d'un Geste divin, d'une Énergie transcendante, qui a déjà été à l'œuvre dans la Résurrection du Christ, mais qui ne se trouve pas contenue, sous quelque forme latente que ce soit, dans les éléments dont est constitué notre univers. L'ébranlement des puissances des cieux ne fera pas peur au croyant, car il n'y verra pas le déchaînement incontrôlé d'une Nature aveugle, mais leur réarrangement dans l'incorruptibilité et le signe de la réalisation du « dessein bienveillant », oui bienveillant, que le Père « *avait formé en lui par avance, pour le réaliser quand les temps seraient accomplis : ramener toutes choses sous un seul chef, le Christ, les êtres célestes comme les terrestres* » (Ep 1, 9-10). Ainsi le chrétien porte en lui la certitude que ce monde finira, mais elle n'a rien à voir avec la constatation désabusée ou épouvantée du savant, car elle est une *espérance*, c'est-à-dire une promesse, qui ne faillira pas, adressée de plein fouet à ce monde lui-même.

*Albert-Marie Besnard*

02

# L'ESPÉRANCE DANS LA RÉSURRECTION

# LA FOI DANS LA VICTOIRE DE LA CROIX

« Dans la croix

et la résurrection du Christ,

le pouvoir de l'amour

a montré qu'il était le plus fort. »

Le **CARDINAL WALTER KASPER** (né en 1933) a été professeur de théologie dogmatique à Münster puis à Tübingen. Ordonné évêque en 1989, il a été secrétaire du Conseil pontifical pour la promotion de l'unité des chrétiens de 1999 à 2010.

Toute la géhenne et toute l'horreur du monde sont appelées par leur nom. Dans la croix et la résurrection du Christ, le pouvoir de l'amour a montré qu'il était le plus fort. Il nous a arraché à l'emprise de ces puissances. Pour le chrétien, malgré toutes les tentations, les souffrances et les angoisses, il n'est donc pas question de résignation ni de découragement. Cette certitude du salut est toutefois nettement distincte de toute forme d'enthousiasme ; elle n'ignore pas la réalité de l'expérience de l'aliénation ; elle ne l'élude pas. L'espérance fait ses preuves dans la persévérance, c'est-à-dire dans la force du « rester là » et de l'endurance sous le fardeau et les pressions. Le chrétien vit encore à l'ombre de la croix. Mais c'est précisément ainsi, dans la foi en la victoire de la croix et de la résurrection sur ces puissances qui encore s'agitent, qu'à partir de l'expérience quotidienne de l'aliénation et en y ayant part, il peut être rempli d'espérance.

*Cardinal Walter Kasper*

# AU PIED DE LA CROIX

« La croix du Christ

sauve de la désolation,

de la fatalité.

Elle seule. »

**VÉRONIQUE MARGRON** est dominicaine, théologienne et présidente de la Conférence des religieux et religieuses de France.

Où demeurer pour retrouver le souffle ? Au pied de la croix de mon Seigneur. Non avec un goût pour le morbide, l'échec et la souffrance. Mais parce que la croix du Christ sauve de la désolation, de la fatalité. Elle seule. Je ne retiens ici qu'une des paroles attribuées à Jésus sur la croix. Elle se trouve dans l'Évangile de Jean : « *Femme, voilà ton fils, et toi, voici ta mère* » (Jn 19, 26). La Tradition dira avec force que c'est là que naît l'Église : au moment où le Christ promet à Jean et à Marie un attachement nouveau, inconditionnel, réciproque, ouvert. Ne pas demeurer figés dans la mort de celui qui est pourtant tant aimé, mais recevoir la force de se retourner vers la vie. Résurrection, déjà.

Jésus n'efface pas ce qui s'est passé. Il sait par qui il a été trahi, renié, délaissé. C'est dans le plus humble, le plus vil même, aux yeux de tous alors, que la communauté vient au monde. C'est pourtant bien là que s'inaugurent les temps nouveaux. Ma force aujourd'hui est de demeurer au pied de la croix – non sur la croix, car la place est occupée par celui qui a épousé l'humanité souffrante. Le lieu de l'Église est d'être devant le bois où le fils bien-aimé donne tout, où coulent le sang et l'eau, sources de l'espérance. L'Église n'est là que pour servir ce roi très-bas. Elle ouvre à une autre fraternité, qui n'est pas celle du sang. Jésus ne retient pas ceux qu'il aime dans les rets de sa mort. Au contraire. Vivre en Église, c'est, au nom du Christ, encore et toujours, refuser la malédiction, être des inventifs qui se retroussent les manches, partagent leur fragilité et leur force, par passion pour ce monde où Dieu se tient.

*Véronique Margron*

# LE CHAGRIN DE LA MORT CHANGÉ EN LA JOIE DE LA RÉSURRECTION

« Le Christ donne

à la mort sa place,

il donne au tombeau

son pouvoir. »

**SAINT PIERRE CHRYSOLOGUE** – « Parole d'or » – († 450), archevêque de Ravenne, nous a laissé cent soixante-seize sermons d'inspiration biblique.

Le Christ n'a pas préparé pour celui qu'il aime un remède contre la maladie, mais la gloire toute proche de la résurrection. Et alors, quand il apprit que Lazare était malade, comme le dit l'évangéliste, il resta deux jours à l'endroit où il était. Vous voyez de quelle manière il donne à la mort sa place, il donne au tombeau son pouvoir, il permet à la corruption d'exercer sa puissance, il ne refuse rien à la pourriture, rien à la puanteur ; et il agit de telle sorte que ... toute l'espérance humaine soit perdue et que survienne toute la force du désespoir de notre monde, jusqu'à un point tel que ce qu'il va faire soit œuvre divine et non humaine. Il reste dans ce lieu, en attendant la mort, si longtemps qu'il annonce lui-même que Lazare est mort et déclare alors qu'il va aller jusqu'à lui.

Il dit en effet : Lazare est mort et je me réjouis. Est-ce cela, avoir aimé ? Le Christ se réjouissait parce que le chagrin de la mort devait être changé en la joie de la résurrection. Et je me réjouis à cause de vous. Pourquoi à cause de vous ? Parce que dans la mort et la résurrection de Lazare était représentée l'image entière de la mort et de la résurrection du Seigneur.

*Saint Pierre Chrysologue*

# ALLÉLUIA !

« Nous ne faisons qu'un avec le Christ Jésus ; son triomphe est le nôtre ; sa gloire est le principe de notre joie. »

**DOM MARMION** († 1923) fut abbé de l'abbaye bénédictine de Maredsous (Belgique). Il a été béatifié en septembre 2000 à Rome.

C'est parce que le mystère de Pâques, en étant un mystère de vie, affermit notre espérance, qu'il est aussi éminemment un mystère de joie.

L'Église le montre en multipliant, durant tout le temps pascal, l'*Alléluia*, cri d'allégresse et de félicité emprunté à la liturgie du ciel. Elle l'avait banni durant le Carême pour manifester sa tristesse et communier aux souffrances de son Époux. À présent que le Christ est ressuscité, elle se réjouit avec lui, elle reprend, avec une ferveur nouvelle, cette exclamation joyeuse en laquelle se résume toute l'ardeur de ses sentiments.

Ne l'oublions jamais : nous ne faisons qu'un avec le Christ Jésus ; son triomphe est le nôtre ; sa gloire est le principe de notre joie. Aussi, avec l'Église notre Mère, redisons souvent l'*Alléluia* pour montrer au Christ notre joie de le voir triompher de la mort, pour remercier le Père de la gloire qu'il donne à son Fils.

*Bienheureux Columba Marmion*

# RESSUSCITER EST DE TOUS LES INSTANTS

« C'est aussi l'espérance d'une résurrection qui n'est pas réservée à l'au-delà. »

Après avoir été grand reporter, **CHRISTIANE RANCÉ** est devenue écrivain et essayiste.

*Sans Espérance, sans bonne nouvelle, à quoi bon se lever chaque matin ? …*

C'est l'espérance qui a creusé le terreau des premières communautés chrétiennes. Elle qui a diffusé sa sève dans les textes de ceux qu'on a appelés les Pères de l'Église : ces hommes vivant l'Évangile, et qui nous ont livré leurs vues sur l'attente dans la présence, qui est le magnifique paradoxe de l'état chrétien. Elle continue de nourrir l'âme de ceux qui croient au ciel et de ceux qui n'y croient pas.

Espérer, certes, mais en quoi ? Happés par la quête de recours immédiats contre la solitude, le dénuement matériel et l'âge, on oublie trop l'objet de cette promesse, qui la justifie – la vie après la mort, et plus encore : la vie malgré la mort. C'est aussi l'espérance d'une résurrection qui n'est pas réservée à l'au-delà. Ressusciter est de tous les instants, et ce n'est pas une formule.

Si tu as traversé des moments de souffrance tels que tu as pu perdre le goût de vivre, et si tu as su traverser ces déserts et ces douleurs, tu comprends de quelle résurrection je parle : renaître ; renaître pour mieux être en étant davantage. Il s'agit aussi de ressusciter de la mort lente que l'accablement nous inflige, et qui nous diminue tous les jours un peu plus. Il s'agit de quitter chaque journée en laissant autour de soi un peu plus que ce que nous avons trouvé à notre arrivée. Donner, en y croyant, ce supplément de vie qui élargit la Vie, et le vivant.

*Christiane Rancé*

# LE SIGNE DU BAPTÊME

« Le baptême signifie une césure ... et *l'introduction dans un nouveau monde, pour mener une vie renouvelée,* dans une espérance de résurrection. »

**PAUL DE CLERCK**, né à Bruxelles en 1939, prêtre du diocèse de Malines-Bruxelles, a été directeur de l'Institut supérieur de liturgie (Institut catholique de Paris), de 1986 à 2001.

Le passage d'un camp – celui de la loi, du péché, des esclaves – à l'autre – celui de la grâce, d'une vie pour Dieu, des hommes libres, de la Résurrection, de la vie –, qui résume l'aventure de la foi est marqué par le baptême (cf. Rm 6). Le baptême signifie une césure, un passage, à la fois la rupture avec une certaine manière d'être et de vivre, séparation si radicale que Paul n'hésite pas à parler de mort et d'ensevelissement, et *l'introduction dans un nouveau monde, pour mener une vie renouvelée*, dans une espérance de résurrection. Le passage se fait par adhésion au Christ, par assimilation au Christ en ce qu'il a vécu de plus caractéristique : sa mort et sa résurrection. Être baptisé, selon le témoignage de Paul, c'est donc vivre une mort à ce qui fait mourir, c'est être greffé sur une vie d'une qualité telle que la malice de la mort elle-même est vaincue. Le baptême est une mise en croix du vieil homme, une mise à mort du corps de péché pour une libération de la vie. *« Ô mort, où est ton aiguillon ? ô mort, où est ta victoire ? »* (1 Co 15, 55)

*Paul De Clerck*

# JÉSUS N'EST PAS RESSUSCITÉ POUR RIEN

« Ne restons pas en marge de ce chemin de l'espérance vivante ! »

Le **PAPE FRANÇOIS**, de son nom de naissance Jorge Mario Bergoglio, est né en 1936 en Argentine. Il est le premier pape issu de la Compagnie de Jésus, élu en 2013.

La foi signifie aussi croire en lui, croire qu'il nous aime vraiment, qu'il est vivant, qu'il est capable d'intervenir mystérieusement, qu'il ne nous abandonne pas, qu'il tire le bien du mal par sa puissance et sa créativité infinie. C'est croire qu'il marche victorieux dans l'histoire « *avec les siens : les appelés, les choisis, les fidèles* » (Ap 17, 14). Nous croyons à l'Évangile qui dit que le Règne de Dieu est déjà présent dans le monde, et qu'il se développe çà et là, de diverses manières : comme une petite semence qui peut grandir jusqu'à devenir un grand arbre (cf. Mt 13, 31-32), comme une poignée de levain, qui fait fermenter une grande quantité de farine (cf. Mt 13, 33), et comme le bon grain qui grandit au milieu de l'ivraie (cf. Mt 13, 24-30), et peut toujours nous surprendre agréablement. Il est présent, il vient de nouveau, il combat pour refleurir. La résurrection du Christ produit partout les germes de ce monde nouveau ; et même s'ils venaient à être taillés, ils poussent de nouveau, car la résurrection du Seigneur a déjà pénétré la trame cachée de cette histoire, car Jésus n'est pas ressuscité pour rien. Ne restons pas en marge de ce chemin de l'espérance vivante !

*Pape François*

# ÉLEVER NOTRE NATURE

« Désormais, nous osons espérer entrer au plus haut des cieux, et vivre à jamais en la présence de Dieu. »

**JOHN HENRY NEWMAN** († 1890) fut le principal acteur du mouvement d'Oxford. Son étude des Pères de l'Église l'a conduit au catholicisme en 1845. Il a fondé l'Oratoire d'Angleterre en 1848 et a été créé cardinal par Léon XIII en 1879. Il a été canonisé en 2019.

Un seul entre les fils des hommes a parlé et agi avec constance ; il a dit : « *Je viens, ô Dieu, pour faire votre volonté* », et sans délais ni empêchements, l'a fait. Il est venu pour nous montrer ce que la nature humaine pourrait devenir si elle atteignait la perfection. Ainsi nous apprend-il à estimer hautement notre nature, à travers son image ; non point (comme d'aucuns le font) à mal parler de notre nature et bien de notre personne, mais alors que nous reconnaissons notre propre distance au ciel, à voir notre nature renouvelée en lui, glorieuse et merveilleuse au-delà de ce que nous pouvons concevoir. Ainsi nous apprend-il l'espérance, et nous encourage-t-il, alors que notre conscience nous abaisse. Les anges semblent petits en honneur et en dignité, en comparaison avec cette nature que le Verbe éternel a purifiée en s'unissant à elle. Désormais, nous osons espérer entrer au plus haut des cieux, et vivre à jamais en la présence de Dieu, parce que le premier fruit de notre race est déjà là dans la personne de son Fils unique.

*Saint John Henry Newman*

# LA VICTOIRE DE L'AMOUR

« Nous sommes appelés à partager la mission du Christ qui consiste à apporter l'espérance sur les lieux d'injustice, de haine et de désespoir. »

Le **CONSEIL PONTIFICAL POUR LA PROMOTION DE L'UNITÉ DES CHRÉTIENS** est un département du Vatican qui participe à l'œcuménisme.

En Jésus, nous apprenons ce que signifie vraiment le mot « victoire » pour les êtres humains – à savoir le bonheur de partager l'amour de Dieu, en surmontant avec lui tout ce qui nous éloigne les uns des autres. C'est participer à la victoire du Christ sur les forces destructrices qui corrompent l'humanité et toute la création divine. En Jésus, nous pouvons prendre part à une vie nouvelle qui nous appelle à combattre le mal de notre monde avec une confiance renouvelée, et à trouver notre joie dans ce qui est bon.

La résurrection du Sauveur confirme que c'est bien la bonté de Dieu qui l'emporte en définitive : l'amour est vainqueur de la mort. Le Seigneur ressuscité est proche ! Il nous accompagne en chacun de nos combats contre la tentation et le péché dans le monde. Sa présence invite les chrétiens à agir ensemble pour le bien.

Le scandale vient de ce que nos divisions nous rendent incapables d'avoir suffisamment de force pour lutter contre les maux de notre temps. En étant unis au Christ et en nous réjouissant de sa loi d'amour, nous sommes appelés à partager sa mission qui consiste à apporter l'espérance sur les lieux d'injustice, de haine et de désespoir.

*Conseil pontifical pour la promotion de l'unité des chrétiens*

# VERS UN AMOUR DÉSINTÉRESSÉ

« Cette espérance que Dieu me laisse comme un précieux dépôt est ce qui me console dans mes misères. »

**LOUIS BOURDALOUE** († 1704), jésuite, orateur brillant et renommé, prêcha à la Cour, cinq fois, l'Avent et le Carême entre 1672 et 1697.

*Frères, nous ne voulons pas vous laisser dans l'ignorance au sujet de ceux qui se sont endormis dans la mort ; il ne faut pas que vous soyez abattus comme les autres, qui n'ont pas d'espérance* (1 Th 4, 13). ... Observez, le sens de l'Apôtre [Paul]; il ne nous défend pas de craindre la mort, ni d'être touchés de la mort de nos amis et de nos proches ; mais il nous défend de nous affliger et de craindre, comme ceux qui, vivant sans religion, vivent sans espérance des biens éternels. ...

Je sais que j'ai un Rédempteur vivant dans le ciel, et que je ressusciterai du sein de la terre. Je sais que je verrai dans ma propre chair et de mes yeux ce Dieu mon Sauveur. Je sais que la mort n'est pour moi qu'un changement d'état, qu'un passage pour mon âme, et qu'un sommeil pour mon corps ; qu'elle ne me va dépouiller que pour me revêtir ; et qu'en m'ôtant une vie fragile et périssable, elle doit me mettre en possession d'une vie qui ne finira jamais. Oui, je le sais, et cette espérance que Dieu me laisse comme un précieux dépôt est ce qui me console dans mes misères, ce qui me fortifie dans mes défaillances, ce qui m'attache à mes devoirs, ce qui me rend invincible dans mes tentations, ce qui m'empêche de succomber à la violence des persécutions. Sans cette espérance, toute ma force m'abandonnerait en mille rencontres et je céderais aux révoltes de la nature ; mais cette espérance est mon support, et voilà pourquoi je la conserve dans mon cœur.

*Louis Bourdaloue*

03

# L'ESPÉRANCE EN LA PROMESSE

# JE VEUX TON SALUT

« Écouter ces paroles, croire possible cette promesse et s'y fier malgré tout ce qui en nous et autour de nous s'y oppose – voilà l'espérance chrétienne. »

**ROMANO GUARDINI** († 1968), théologien allemand, a marqué de son empreinte exceptionnelle tous les courants théologiques du XXe siècle, préparant le concile Vatican II. Il a considérablement influencé la pensée de Benoît XVI.

Le Christ est venu nous révéler quelles sont les dispositions de Dieu à notre égard : il ne méprise pas le monde ; il ne le hait pas ; il ne se joue pas de lui ; il ne le regarde pas d'en haut dans une impassibilité olympienne, mais il l'aime. Quand on aime quelqu'un, cela signifie qu'on participe à sa vie, en donnant et en recevant. C'est ainsi qu'il faut évaluer la gravité de cette pensée que Dieu nous aime. Il n'éprouve pas seulement une bienveillance lointaine, tout près de l'indifférence, mais Il nous aime, au sens fort du mot. C'est ce qui s'est manifesté dans le Christ. Cela sourd de ses paroles, de tout son comportement vis-à-vis des hommes, ses frères. Dieu est allé jusqu'au bout de sa volonté de nous aimer, comme nous le montre la mort du Christ. ... Dieu devenu homme se lève parmi nous et dit à chacun de nous, à moi aussi : « Je veux te faire quitter ton état de déréliction. Je veux ton salut. » Écouter ces paroles, croire possible cette promesse et s'y fier malgré tout ce qui en nous et autour de nous s'y oppose – voilà l'espérance chrétienne.

*Romano Guardini*

# TOI SEUL MON ESPÉRANCE

« Jamais je ne perdrai
mon espérance ; je la conserverai
jusqu'au dernier moment
de ma vie. »

**SAINT CLAUDE LA COLOMBIÈRE** († 1682), prêtre et théologien jésuite, fut le confesseur de sainte Marguerite-Marie Alacoque et le prédicateur de la duchesse d'York à Londres.

Pour moi, mon Dieu, je suis si persuadé que vous veillez sur ceux qui espèrent en vous et qu'on ne peut manquer de rien, quand on attend de vous toutes choses, que j'ai résolu de vivre à l'avenir sans aucun souci et de me décharger sur vous de toutes mes inquiétudes. Les hommes peuvent me dépouiller et des biens et de l'honneur ; les maladies peuvent m'ôter les forces et les moyens de vous servir ; je puis même perdre votre grâce par le péché ; mais jamais je ne perdrai mon espérance ; je la conserverai jusqu'au dernier moment de ma vie, et tous les démons de l'enfer feront à ces moments de vains efforts pour me l'arracher. Les autres peuvent attendre leur bonheur ou de leurs richesses ou de leurs talents ; les autres s'appuient ou sur l'innocence de leur vie ou sur la rigueur de leurs pénitences ou sur le nombre de leurs aumônes ou sur la ferveur de leurs prières. Pour moi, Seigneur, toute ma confiance, c'est ma confiance même. Cette confiance ne trompa jamais personne. Je suis donc assuré que je serai éternellement heureux, parce que j'espère fermement de l'être et que c'est de vous, ô mon Dieu, que je l'espère.

*Saint Claude La Colombière*

# NE DÉSESPÉRONS JAMAIS DE NOTRE SALUT

« Apprenons de tout cela, frères,
la miséricorde sans mesure
de Dieu, son amour
des hommes. »

**PAUL EVERGETINOS** († 1054) fut moine à Constantinople.

« Faut-il que tu te démènes pour ravir et engloutir cet homme qui a recours à l'indicible miséricorde de mon cœur ! Peux-tu présenter ses chutes en un nombre tel qu'il contrebalance exactement le précieux sang que j'ai versé pour lui sur la Croix ? Voici, mon immolation et ma mort ont assumé ses iniquités. D'ailleurs, toi, quand il s'adonne au péché, tu ne le repousses pas, au contraire, tu l'accueilles avec joie sans le détourner ni l'entraver, dans l'espérance de le faire tien. Et moi qui suis à ce point miséricordieux et ami des hommes que j'ai commandé à Pierre, le coryphée de mes apôtres, de pardonner au pécheur chaque jour jusqu'à soixante-dix-sept fois sept fois, je ne prendrais pas le pécheur en pitié ? Bien sûr que si ! Et puisqu'il est accouru vers moi, je ne m'en détournerai pas jusqu'au temps où je le ferai entrer dans mon héritage.

J'ai été crucifié à cause des pécheurs et, pour eux, j'ai étendu mes mains immaculées afin que celui qui veut être sauvé puisse trouver refuge et salut. Je ne me détourne de quiconque, ni ne chasse personne. Celui qui est tombé une myriade de fois chaque jour et qui, une myriade de fois, est venu à moi, ne sortira pas attristé. Car *« je ne suis pas venu appeler les justes, mais les pécheurs au repentir* (Mc 2, 17). »
...

Apprenons de tout cela, frères, la miséricorde sans mesure de Dieu, son amour des hommes et combien notre Maître est bon. Aussi ne désespérons jamais de notre propre salut, ni ne le négligeons.

*Paul Evergetinos*

# HEUREUX LES CŒURS PURS

« Une telle promesse
surpasse nos joies
les plus raffinées. »

**SAINT GRÉGOIRE DE NYSSE** († 394) est, avec son frère Basile de Césarée et Grégoire de Nazianze, l'un des trois Cappadociens qui constituent un sommet de la théologie au IVe siècle.

On voit souvent au bord de la mer s'élever un de ces éperons rocheux qui offrent aux flots une surface abrupte du haut jusqu'en bas et dont la crête surplombe l'abîme. Le vertige que l'on ressent de cette hauteur, en jetant les yeux sur les gouffres marins, mon âme l'éprouve aujourd'hui, où cette grande parole du Seigneur la dresse au-dessus des abîmes : *« Heureux les cœurs purs, car ils verront Dieu »* (Mt 5, 8).

Dieu s'offre aux regards de ceux qui ont le cœur pur. Or *« nul n'a jamais vu Dieu »* (Jn 1, 18), dit notre saint Jean. ... Dieu est ce rocher abrupt et effilé qui n'offre pas la moindre prise à notre imagination. ...

Mais quoi ? La vie éternelle est la vision de Dieu et les piliers de la foi, Jean, Paul, Moïse nous certifient que celle-ci est impossible ? ... À quoi donc se réduit notre espérance ?

Or le Seigneur stimule cette espérance. N'en a-t-il pas donné la preuve à l'égard de Pierre ? Sous les pieds de ce disciple tout près de se noyer, il affermit et durcit les flots (cf. Mt 14, 30-32). La main du Verbe s'étendra-t-elle aussi sur nous, qui sommes submergés en ces abîmes, nous affermira-t-elle sur l'un ou l'autre de ses aspects ? Alors nous serons rassurés, parce que fermement dirigés par la main du Verbe. Heureux ceux qui ont le cœur pur, car ils verront Dieu. Une telle promesse surpasse nos joies les plus raffinées.

*Saint Grégoire de Nysse*

# URGENCE

« Il est urgent de reconnaître Dieu pour ce qu'il est et de le tenir pour décisif dans l'espérance des hommes. »

Le père dominicain **PIERRE-ANDRÉ LIÉGÉ** († 1979) théologien, fut expert au concile Vatican II.

Avec l'Évangile de Jésus Christ (l'Évangile-Événement, et non point seulement les évangiles) a surgi dans l'histoire humaine une urgence maintenue, source d'appel permanent et d'expérience : il est urgent de reconnaître Dieu pour ce qu'il est et de le tenir pour décisif dans l'espérance des hommes ; il est urgent de se référer à Jésus Christ, le Vivant ; il est urgent de rendre grâce pour ce qui s'est passé à Pâques et à Pentecôte ; il est urgent de s'aimer, de se pardonner, de partager, de devenir frères d'une nouvelle façon ; il est urgent d'être ensemble ; il est urgent de témoigner ensemble de l'Évangile ; il est urgent de défataliser l'existence humaine et de lui donner sens pour tous. L'appropriation de l'Évangile se réalise dans la profondeur de l'existence de chaque croyant qui s'est reconnu interpellé. C'est la décision personnelle par excellence, que personne ne peut prendre à ma place, dont on n'hérite pas, qui ne se réalise pas en série. Mais c'est aussi, du même coup, une décision qui ne peut demeurer individuelle et secrète ; une décision qui établit le croyant en communion avec ceux qui se sont approprié le même Évangile. La confession de Jésus Christ lie les croyants à une profondeur qui est celle du sens dernier de leur existence.

*Pierre-André Liégé*

# AVOIR PART À LA VIE DU RESSUSCITÉ

« L'espérance chrétienne est ainsi marquée par un caractère d'anticipation. »

Né de famille juive, **ARON JEAN-MARIE LUSTIGER** († 2007) s'est converti au catholicisme en 1940. Il a été nommé archevêque de Paris en 1981 et créé cardinal en 1983.

L'espérance chrétienne est ainsi marquée par un caractère d'anticipation. Par les dons de Dieu, nous anticipons l'achèvement de toutes choses. Et cependant Dieu n'est pas tout en tous. La tentation pour les chrétiens est d'imaginer que le règne de Dieu est arrivé. C'est ce que nous voyons quand les Églises se substituent au règne de Dieu ; elles ne donnent alors plus d'elles-mêmes que l'image d'une société humaine qui fait de Dieu un outil à son service. Car l'espérance chrétienne est expérience de l'Esprit et de la résurrection dans des hommes et des femmes encore habités par la mort. Ils participent encore de la chair et cependant vivent déjà de l'Esprit. Ils ont part à la vie du Ressuscité alors qu'ils ont encore à passer par la mort, et ils ont part à la communion de l'Esprit Saint alors qu'ils sont encore dans la division.

*Cardinal Jean-Marie Lustiger*

# TÉMOIN DE L'ESPÉRANCE

« Je suis définitivement aimée
et quel que soit ce qui m'arrive,
je suis attendue par cet Amour. »

**BENOÎT XVI** a été pape de 2005 à 2013.

*Benoît XVI évoque le moment où, à treize ans, la petite esclave soudanaise Joséphine Bakhita est dans une famille : elle n'est plus maltraitée et découvre l'espérance.*

Bakhita connut un « Maître » totalement différent – dans le dialecte vénitien, qu'elle avait alors appris, elle appelait « Paron » le Dieu vivant, le Dieu de Jésus Christ. ... À présent, elle entendait dire qu'il existait un « Paron » au-dessus de tous les maîtres, le Seigneur des seigneurs, et que ce Seigneur était bon, la bonté en personne. Elle apprit que ce Seigneur la connaissait, elle aussi, qu'il l'avait créée, elle aussi – plus encore, qu'il l'aimait. Elle aussi était aimée, et précisément par le « Paron » suprême. ... Elle était connue et aimée, et elle était attendue. Plus encore, ce Maître avait lui-même personnellement dû affronter le destin d'être battu et maintenant il l'attendait « à la droite de Dieu le Père ». Désormais, elle avait une « espérance » – non seulement la petite espérance de trouver des maîtres moins cruels, mais la grande espérance : je suis définitivement aimée et quel que soit ce qui m'arrive, je suis attendue par cet Amour. Et ainsi ma vie est bonne. Par la connaissance de cette espérance, elle était « rachetée », elle ne se sentait plus une esclave, mais une fille de Dieu libre. Elle comprenait ce que Paul entendait lorsqu'il rappelait aux Éphésiens qu'avant ils étaient sans espérance et sans Dieu dans le monde – sans espérance parce que sans Dieu. ... L'espérance, qui était née pour elle et qui l'avait « rachetée », elle ne pouvait pas la garder pour elle ; cette espérance devait rejoindre tout le monde.

*Benoît XVI*

# VIENS NOUS SAUVER

« Il nous encourage à tendre toutes nos forces dans ces combats, puisque le don de la grâce est à la mesure des épreuves assumées par qui la reçoit. »

**THOMAS A KEMPIS** († 1471) était un mystique allemand, il est généralement considéré comme l'auteur de l'*Imitation de Jésus Christ.*

Tout ce que tu me donnes hors de toi, tout ce que tu me découvres de toi-même, tout ce que tu m'en promets est trop peu et ne me suffit pas si je ne te vois pas, si je ne te possède pleinement. Car mon cœur ne peut avoir de vrai repos, ni être entièrement rassasié jusqu'à ce que, s'élevant au-dessus de tous tes dons et de toute créature, il se repose uniquement en toi. Tendre époux de mon âme, pur objet de son amour, ô mon Jésus, Roi de toutes les créatures, qui me délivrera de mes liens, « qui me donnera des ailes » pour voler vers toi et me reposer en toi ? Jusqu'à quand mon Seigneur tardera-t-il à venir ? Qu'il vienne à ce pauvre qui est à lui et qu'il lui rende la joie. Qu'il étende la main pour relever un malheureux plongé dans l'angoisse. Viens, viens, car sans toi tous les jours, toutes les heures s'écoulent dans la tristesse, parce que tu es seul ma joie et que tu peux seul remplir le vide de mon cœur. ... Que d'autres cherchent au lieu de toi tout ce qu'ils voudront ; pour moi, rien ne me plaît ni ne me plaira jamais que toi ; ô mon Dieu, mon espérance, mon salut éternel ! Je ne me tairai point, je ne cesserai point de prier, jusqu'à ce que ta grâce revienne et que tu me parles intérieurement.

*Thomas a Kempis*

# TRAVERSER L'ÉPREUVE

« Nous marchons dans l'attente,

dans l'espérance,

dans la persévérance et le courage,

comme déjà Abraham. »

Monseigneur **LUCIEN DALLOZ** a été archevêque de Besançon de 1980 à 2003.

Les Hébreux sont engagés, sur l'ordre de Dieu et sous la conduite de Moïse, dans une marche longue et difficile. Après la grande joie de la libération de l'esclavage en Égypte, il faut maintenant surmonter les obstacles, la faim, la soif, et ils se mettent à regretter les oignons d'Égypte ! Ils sont tentés de retourner en arrière. C'est bien aussi l'image de nos vies : après des moments d'enthousiasme, d'action de grâces, après les célébrations émouvantes, et le sentiment du grand amour du Seigneur, il faut marcher, jour après jour, dans un monde qui parfois est hostile, ne comprend pas, où on a l'impression d'être inefficace, avec le sentiment de ne pas être à la hauteur de la vocation chrétienne, de ne plus pouvoir avancer. Et il y a les épreuves de la vie, maladies, séparations... L'aventure des Hébreux nous est alors un enseignement. Elle nous apprend à crier comme eux vers le Seigneur, même à lui dire nos impatiences, nos révoltes, nos espoirs, nos demandes. Elle nous apprend aussi que nous ne sommes pas arrivés à la terre promise, que nous marchons dans l'attente, dans l'espérance, dans la persévérance et le courage, comme déjà Abraham.

*Monseigneur Lucien Dalloz*

# QU'ESPÉRONS-NOUS ?

« Ce n'est pas le fait que des dieux deviennent hommes qui doit nous paraître incroyable, mais c'est le fait que ceux qui étaient hommes deviennent dieux. »

**SAINT AUGUSTIN** († 430) évêque d'Hippone en Afrique du Nord, a remis en lumière la Trinité en Dieu et, par analogie, en l'homme.

À quelle espérance nous a appelés le Seigneur notre Dieu ? Que portons-nous maintenant ? Qu'endurons-nous et qu'attendons-nous ? Je ne doute pas que vous le sachiez ! Nous portons le fait d'être mortels, nous endurons d'être faibles, nous attendons d'être divins. En effet, Dieu ne veut pas seulement nous vivifier, il veut aussi nous déifier.

Quand est-ce que la faiblesse humaine oserait espérer cela, si la vérité divine ne l'avait pas promis ? Or, non seulement la vérité divine a promis que nous deviendrions des dieux, mais aussi, parce qu'elle l'a promis, c'est certainement vrai, car l'auteur de la promesse est trop fidèle pour tromper et le donateur trop puissant pour qu'on l'empêche d'accomplir ce qu'il a promis.

C'eût été trop peu, pour notre Dieu, de nous promettre d'être des dieux en lui, s'il n'avait pas aussi assumé notre faiblesse, comme il le dit : « Veux-tu savoir combien je t'aime, au point d'être certain de te donner mon être divin ? J'ai pris ton être mortel. »

Frères, ce n'est pas le fait que des dieux deviennent hommes qui doit nous paraître incroyable, mais c'est plutôt le fait que ceux qui étaient hommes deviennent dieux. ... Le Fils de Dieu s'est fait homme, pour que, des fils d'homme, il fasse des fils de Dieu. ... Le Créateur de l'homme est devenu homme, pour que l'homme devienne capable d'accueillir Dieu.

*Saint Augustin d'Hippone*

# 04
# VIVRE DE L'ESPÉRANCE

# LE POINT DE VUE DE L'ÉTERNITÉ

« Espérer ... : c'est vivre en préférant l'éternel au reste, en faisant passer l'éternel d'abord, avant l'urgent. »

Après des études à Sciences Po et à l'École normale supérieure, **ADRIEN CANDIARD** est entré dans l'ordre des prêcheurs. Essayiste et dramaturge, il est aussi une voix spirituelle de grande envergure.

Espérer, c'est quelque chose de très concret : c'est croire que Dieu nous rend capables de poser des actes éternels. Que, quand nous aimons, cet amour n'est pas simplement un beau sentiment dans une marée d'absurdité vouée à la mort, mais une fenêtre que nous ouvrons sur l'éternité. Car ces actes éternels, ces actes que nous pouvons faire et dont le fruit est éternel, ce sont bien sûr les actes d'amour, les seuls qui comptent. Ce sont eux qui construisent, dans notre monde déjà, l'éternité, le Royaume de Dieu.

Cela nous oblige à renoncer à une vision à la fois très courante, et pour tout dire très infantilisante, de la vie éternelle comme récompense. Elle ne nous est pas donnée pour nous féliciter d'avoir cru au bon Dieu, d'avoir été dans le bon camp, ni d'avoir accompli des actions justes et méritoires ou du moins d'avoir évité les péchés les plus graves. Il ne s'agit pas d'emmener au cirque un enfant pour le récompenser d'avoir été bien sage. … Espérer, dans la pratique, ce n'est pas seulement croire que nous sommes capables d'éternité : c'est vivre en préférant l'éternel au reste, en faisant passer l'éternel d'abord, avant l'urgent, avant tout le reste qui nous paraît si important sur le moment. Espérer, c'est accepter d'adopter le point de vue de l'éternité : non pas un point de vue froid et lointain, mais au contraire, le point de vie de l'amour. Comme nos vies changeraient, si nous savions ordonner nos priorités en fonction du poids d'éternité de nos actions : l'ambition, le souci de gagner de l'argent, l'envie de se faire reconnaître se retrouveraient très vite au bas de la pile.

*Adrien Candiard*

# LA FORCE DE LA DOUCEUR

« Cet accueil de l'autre ne lui est possible que parce qu'elle-même a reçu et accueilli ce qui lui permet d'être telle, l'Esprit. »

**JEAN-LOUIS CHRÉTIEN** († 2019) était poète et philosophe. Il a enseigné à l'université de la Sorbonne.

La force de la douceur comme vertu est ... de prendre goût à la justice toujours et partout, et si les doux hériteront la terre (Mt 5, 5), c'est aussi parce que partout où il fait juste, comme on dit qu'il fait beau, le doux est chez lui, ce qui ne se donne que dans le combat de l'espérance. Ce goût n'est pas une saveur qu'on pourrait garder pour soi, l'huile de la douceur veut sûrement et silencieusement se répandre, s'offrir et se partager. ...

La douceur est accueillante. Elle l'est parce qu'elle laisse être et venir, ôtant cloisons, portique, fortification, donnant libre accès à notre présence et à notre regard comme à notre écoute : l'homme doux tient table ouverte de son attention. La douceur ne se laisse pénétrer que parce qu'elle-même est pénétrante : sa lenteur et son inapparence s'insinuent presque partout. Il appartient à la douceur d'être prévenante, et de ne pas se faire prier, de deviner amoureusement ce qui pourrait être requis. Mais cet accueil de l'autre ne lui est possible que parce qu'elle-même a reçu et accueilli ce qui lui permet d'être telle, l'Esprit.

*Jean-Louis Chrétien*

# LA RÉCOMPENSE, C'EST L'AMOUR

« Aimons le Christ
et observons avec persévérance
ses commandements que nous avons
commencé de suivre. »

Moine de l'abbaye de Jarrow, en Angleterre, **BÈDE LE VÉNÉRABLE** († 735) fut l'auteur de l'*Histoire ecclésiastique du peuple anglais*, ainsi qu'un fécond exégète.

L'Esprit Saint donnera aux justes la paix parfaite dans l'éternité. Mais déjà maintenant il leur donne une paix très grande lorsqu'il allume en leur cœur le feu céleste de la charité. L'Apôtre dit en effet : *« L'espérance ne trompe pas, car l'amour de Dieu a été répandu dans nos cœurs par l'Esprit Saint qui nous a été donné »* (Rm 5, 5).

La véritable et même la seule paix des âmes en ce monde consiste à être rempli de l'amour divin et animé de l'espérance du ciel au point que l'on en vienne à considérer comme peu de choses les succès ou les revers de ce monde, à se dépouiller complètement des désirs terrestres, à renoncer aux convoitises du siècle et à se réjouir des injures et persécutions subies pour le Christ. …

Si nous désirons parvenir à la récompense de la vision de Dieu, il nous faut avoir sans cesse en mémoire le saint Évangile et nous montrer insensibles aux attraits du monde ; ainsi nous deviendrons dignes de recevoir la grâce de l'Esprit Saint que le monde est capable d'accueillir. Aimons le Christ et observons avec persévérance ses commandements que nous avons commencé de suivre. Plus nous l'aimerons, plus nous mériterons d'être aimés par le Père, et lui-même nous accordera la grâce de son immense amour dans l'éternité.

*Saint Bède le Vénérable*

# L'APPEL DE L'AIMANT

« Nul ne doit désespérer de son salut s'il s'est converti à une vie meilleure. »

Docteur de l'Église, **SAINT JÉRÔME** († 420) fut un grand interprète de la Bible, qu'il traduisit en latin. Il est l'auteur de la Vulgate.

« *Un homme* » (Mt 9, 9). Par respect, par déférence à l'égard de Matthieu, les autres évangélistes n'ont pas voulu lui donner son nom habituel ; ils l'ont appelé Lévi (Mc 2, 14 ; Lc 5, 27), car il avait deux noms. Mais Matthieu, lui, suivant le principe de Salomon : *« Le juste commence par s'accuser soi-même »* (Pr 18, 17), et cet autre : *« Dis toi-même tes péchés pour être justifié »* (Is 43, 26), se nomme Matthieu et se dit publicain, pour montrer aux lecteurs que nul ne doit désespérer de son salut s'il s'est converti à une vie meilleure, puisque lui-même s'est soudain changé de publicain en apôtre. Le païen Porphyre et l'empereur Julien dénoncent dans ce passage, soit les gaucheries d'un historien mensonger, soit la sottise de ceux qui ont aussitôt suivi le Sauveur, comme s'ils avaient inconsidérément suivi l'appel du premier venu. Or cet appel avait été précédé de signes et de prodiges si grands et les apôtres en ont été incontestablement les témoins avant de croire. D'ailleurs, le seul éclat, la majesté de sa divinité cachée, qui resplendissaient même sur sa face humaine, avaient le pouvoir d'attirer ceux qui le voyaient, dès qu'ils le regardaient. Car, si l'aimant et l'ambre renferment, dit-on, une force d'attraction, capable d'agglomérer autour d'eux les anneaux, la paille et les fétus, combien plus le Seigneur de toute créature pouvait-il attirer à lui ceux qu'il voulait !

*Saint Jérôme*

# LA VIE JAILLIT EN MOI

« Suis-je témoin du sens le plus grand de la vie et de l'histoire, prêt à rendre raison de l'espérance du Ressuscité qui transforme le cœur de la vie ? »

Monseigneur **BRUNO FORTE**, né en 1949, ordonné en 1973, a longtemps enseigné la théologie à Naples. Il est archevêque de Chieti-Vasto (Italie) depuis 2004.

Le Christ est vivant, de telle sorte qu'il nous interpelle au profond de notre cœur : est-il pour moi le Seigneur qui me donne la vie, jusqu'à pouvoir dire avec Paul : « *Ce n'est plus moi qui vis, mais le Christ qui vit en moi* » (Ga 2, 20) ? Est-ce que je vis dans la rencontre toujours nouvelle et continuelle avec lui, dans sa Parole, dans les sacrements de l'Église, dans les liens de la charité ? Suis-je témoin du Ressuscité ? Est-ce que je reconnais à Dieu le primat absolu dans ma vie, me voulant en tout disciple de l'Unique ? Est-ce que je vis l'exode de moi-même, en m'efforçant d'opérer toujours de nouveaux choix de charité et de service ? Suis-je témoin du sens le plus grand de la vie et de l'histoire, prêt à rendre raison de l'espérance du Ressuscité qui transforme le cœur de la vie ? La réponse à ces demandes pousse à l'invocation du don de son Esprit qui, du Ressuscité, jaillit pour toute créature.

*Monseigneur Bruno Forte*

# LA PAROLE EST UN FLAMBEAU

« C'est la Parole qui allume notre foi, qui fortifie notre espérance, qui enflamme notre amour pour Dieu et pour le prochain. »

**SAINT JEAN-MARIE VIANNEY** († 1859) fut nommé curé d'Ars en 1818. Il a été canonisé en 1925 et proclamé « patron de tous les curés de l'univers ».

Pour vous faire comprendre combien est grand le prix de la parole de Dieu, je vous dirai que tout l'établissement et les progrès de la religion catholique sont l'ouvrage de la parole de Dieu jointe à la grâce qui l'accompagne toujours. … Mais, me direz-vous peut-être, que fait en nous cette parole sainte ? Le voici : elle est semblable à cette colonne de feu qui conduisait les Juifs lorsqu'ils étaient dans le désert, qui leur montrait le chemin par où ils devaient passer, qui s'arrêtait lorsqu'il fallait que le peuple s'arrêtât et marchait quand il fallait qu'il marchât ; de sorte que ce peuple n'avait qu'à être fidèle à le suivre et il était sûr de ne pas s'égarer dans sa marche. Oui, elle fait la même chose à notre égard : elle est un flambeau qui brille devant nous, qui nous conduit dans toutes nos pensées, nos desseins et nos actions ; c'est elle qui allume notre foi, qui fortifie notre espérance, qui enflamme notre amour pour Dieu et pour le prochain ; c'est elle qui nous fait comprendre la grandeur de Dieu, la fin heureuse pour laquelle nous sommes créés, les bontés de Dieu, son amour pour nous, le prix de notre âme, la grandeur de la récompense qui nous est promise.

*Saint Jean-Marie Vianney*

# RECEVOIR DANS LA PRIÈRE

« Tu l'as bien compris, la prière intérieure est le monde de la foi pure, de l'amour pur, de l'espérance pure. »

**PHILIPPE MAC LEOD** († 2019), a mené une vie contemplative dans les Pyrénées et développé une admirable œuvre littéraire et poétique.

Tu l'as bien compris, la prière intérieure est le monde de la foi pure, de l'amour pur, de l'espérance pure. Aucun semblant, aucun dérivatif ne nous sépare de celui que nous aimons, que nous espérons, que nous savons là. Le dépouillement devient tel que le cœur semble seul ou qu'il a tout envahi. La foi aiguisée à ce degré de pureté devient contact, au-delà des considérations qui toujours reviennent mais se dissolvent aussitôt sous la poussée légère d'un seul mouvement de l'être, le plus entier et le plus intime qui soit, comme un élan immobile, un vertige retenu, une attente comblée par son ouverture même, un bonheur jailli de l'oubli de soi.

Les anciens faisaient de la passivité le pivot de l'oraison. Tu lui préféreras le terme de réceptivité, non qu'il dise autre chose, car il s'agit de la même oraison, mais il résonne mieux aujourd'hui, plus proche de cette veille acérée qu'est la prière, cette sollicitation, cet engagement de tout l'être, corps, âme et esprit, par une sorte d'acte nu, ou plutôt de nudité, de pureté de l'acte à sa racine intérieure, dans un effort passif, ou passivité soutenue, vibrante, intense, déployant dans le plus grand silence une hypersensitivité, une hyperactivité même, une industrie des plus subtiles, une prodigieuse distillerie de l'invisible.

*Philippe Mac Leod*

# VERS UNE SAINTETÉ SANS REPROCHES

« Dans les difficultés
de l'existence, ils puisent
le courage dans l'espérance. »

Le **CONCILE ŒCUMÉNIQUE VATICAN II** est ouvert le 11 octobre 1962, par le pape Jean XXIII et s'est clôturé le 8 décembre 1965 sous Paul VI. Ce concile fut un événement pour le renouvellement de la liturgie, l'ancrage de l'Église dans le monde moderne et le rapport aux autres religions.

Dans le pèlerinage qu'est cette vie, cachés en Dieu avec le Christ, délivrés de la servitude des richesses, à la recherche des biens qui demeurent éternellement, ils mettent généreusement en œuvre toutes leurs forces pour étendre le règne de Dieu, animer et parfaire les réalités temporelles selon l'esprit chrétien. Dans les difficultés de l'existence, ils puisent le courage dans l'espérance, estimant que l*es « souffrances de cette vie ne sont proportionnées à la gloire future qui doit se révéler en nous »* (Rm 8, 18).

Poussés par la charité qui vient de Dieu, ils pratiquent le bien à l'égard de tous, surtout de leurs frères dans la foi (cf. Ga 6, 10), rejetant *« toute malice, toute fraude, hypocrisie, envie, toute médisance »* (1 P 2, 1), entraînant ainsi les hommes vers le Christ. Or, la charité divine, qui « *est répandue dans les cœurs par l'Esprit Saint qui nous a été donné* » (Rm 5, 5), rend les laïcs capables d'exprimer concrètement dans leur vie l'esprit des Béatitudes. Suivant Jésus pauvre, ils ne connaissent ni dépression dans la privation, ni orgueil dans l'abondance ; imitant le Christ humble, ils ne deviennent pas avides d'une vaine gloire (cf. Ga 5, 26), mais ils s'efforcent de plaire à Dieu plutôt qu'aux hommes, toujours prêts à tout abandonner pour le Christ (cf. Lc 14, 26) et à souffrir persécution pour la justice (cf. Mt 5, 10) se souvenant de la parole du Seigneur : *« Si quelqu'un veut venir à ma suite, qu'il se renie lui-même, qu'il se charge de sa croix et qu'il me suive »* (Mt 16, 24).

*Concile Vatican II*

# DITES DE BONNES PAROLES

« De bonnes paroles …

sont notre espérance unique,

mais certaine. »

**FREDERICK WILLIAM FABER** († 1863), est un poète et théologien britannique. Converti au catholicisme, il rejoignit le cardinal Newman dans la congrégation de l'Oratoire.

Les bonnes paroles sont la musique céleste de ce monde. Elles ont un pouvoir qui semble dépasser la nature. C'est comme la voix d'un ange qui se serait fourvoyé sur notre terre, et dont les accents immortels blesseraient suavement les cœurs, et déposeraient en nous quelque chose de la nature des anges. ... De bonnes paroles peuvent remettre les affaires les plus embrouillées. En réalité, un cœur inaccessible au pardon est un monstre assez rare. Presque tout le monde se lasse des querelles, même les plus justes. Celles mêmes où tous les torts sont d'un côté, et qui sont les plus difficiles à raccommoder, cèdent avec le temps à des paroles conciliantes. ... Toute querelle a probablement sa source dans un malentendu, et ne subsiste que par le silence qui perpétue la mésintelligence. Lorsqu'un malentendu a vécu plus d'un mois, on peut en général le regarder comme inguérissable par des explications qui ne font dans ce cas que multiplier les malentendus. Alors de bonnes paroles, dont on ne verra des fruits qu'à force de persévérance, sont notre espérance unique, mais certaine. Elles n'expliqueront rien, mais elles feront mieux ; elles rendront l'explication inutile, et par là éviteront de rouvrir de vieilles plaies. Dans les circonstances que nous venons de citer, les bonnes paroles ont une vertu médicinale. Mais elles ont aussi leur vertu productive. Entre autres, elles donnent du bonheur.

*Frédérick William Faber*

# CHOISIR LA VIE

« Dans la vulnérabilité, ...

nous entendons clairement l'appel

à choisir la vie. Là, se lève une

espérance d'un avenir inconnu. »

Monseigneur **PIERRE D'ORNELLAS** est archevêque de Rennes depuis 2007. Docteur en théologie, il a publié une étude sur la Constitution *Gaudium et Spes* de Vatican II : « Liberté que dis-tu de toi-même ? »

C'est Jésus le vivant ! Il est la parole éternelle que le Père ne cesse de prononcer pour que les hommes aient la vie. « En lui est la vie, et la vie est la lumière des hommes », écrit saint Jean. Prenant sur lui notre vulnérabilité, il y a déposé une fois pour toutes la vie. Il rejoint chacun de nous dans sa vulnérabilité. Il aime chacun d'entre nous et, en même temps qu'il nous dévoile le vrai sens de la vie, nous appelle doucement à vivre. Nos désirs illimités, qui nous pousseraient à choisir des biens aussi grandioses que ces désirs, sont alors invités à faire sagement alliance avec nos limites. Là, dans la vulnérabilité, au centre de nous-mêmes, nous entendons clairement l'appel à choisir la vie. Là, se lève une espérance d'un avenir inconnu car il est sans mesure possible, puisqu'il est l'avenir même de la vie. La vie est habitée par l'espérance de la vie. Là, s'éveille aussi l'amour – qui est juste compassion – pour l'homme, notre frère dans la vulnérabilité.

*Monseigneur Pierre d'Ornellas*

05

# MARIE, MÈRE DE L'ESPÉRANCE

# LA NOUVELLE MISSION DE MARIE

« Sainte Marie,
Mère de Dieu, notre Mère,
enseigne-nous à croire, à espérer
et à aimer avec toi. »

**JOSEPH RATZINGER**, né en 1927, a enseigné la théologie jusqu'à sa nomination comme archevêque de Munich en 1977. Crée cardinal la même année, il est élu pape en 2005 et exerce son pontificat sous le nom de Benoît XVI jusqu'en 2013.

De la croix tu reçus une nouvelle mission. À partir de la croix tu es devenue mère d'une manière nouvelle : mère de tous ceux qui veulent croire en ton Fils Jésus et le suivre. L'épée de douleur transperça ton cœur. L'espérance était-elle morte ? Le monde était-il resté définitivement sans lumière, la vie sans but ? À cette heure, probablement, au plus intime de toi-même, tu auras écouté de nouveau la parole de l'ange, par laquelle il avait répondu à ta crainte au moment de l'Annonciation : *« Sois sans crainte, Marie ! »* (Lc 1, 30). Que de fois le Seigneur, ton fils, avait dit la même chose à ses disciples : N'ayez pas peur ! ... À l'heure de Nazareth l'ange t'avait dit aussi : *« Son règne n'aura pas de fin »* (Lc 1, 33). Il était peut-être fini avant de commencer ? Non, près de la croix, sur la base de la parole même de Jésus, tu étais devenue la mère des croyants. Dans cette foi, qui était aussi, dans l'obscurité du Samedi saint, certitude de l'espérance, tu es allée à la rencontre du matin de Pâques. La joie de la résurrection a touché ton cœur et t'a unie de manière nouvelle aux disciples, appelés à devenir la famille de Jésus par la foi. ... Ainsi tu demeures au milieu des disciples comme leur Mère, comme Mère de l'espérance. Sainte Marie, Mère de Dieu, notre Mère, enseigne-nous à croire, à espérer et à aimer avec toi. Indique-nous le chemin vers son règne ! Étoile de la mer, brille sur nous et conduis-nous sur notre route !

*Benoît XVI*

# MAGNIFICAT

« Héritière de l'espérance
des justes d'Israël et première
parmi les disciples de Jésus Christ
est Marie, sa Mère. »

Le **CONSEIL PONTIFICAL JUSTICE ET PAIX** « s'emploie à ce que, dans le monde, soient promues la justice et la paix selon l'Évangile et la doctrine sociale de l'Église catholique » (*Pastor Bonus*, 142).

Héritière de l'espérance des justes d'Israël et première parmi les disciples de Jésus Christ est Marie, sa Mère. Par son « *fiat* » au dessein d'amour de Dieu (cf. Lc 1, 38) au nom de toute l'humanité, elle accueille dans l'histoire l'envoyé du Père, le Sauveur des hommes : dans le chant du *Magnificat*, elle proclame l'avènement du Mystère du Salut, la venue du « Messie des pauvres » (cf. Is 11, 4 ; 61, 1). Le Dieu de l'Alliance, chanté dans l'exultation de son esprit par la Vierge de Nazareth, est celui qui renverse les puissants de leurs trônes et élève les humbles, comble de biens les affamés et renvoie les riches les mains vides, disperse les superbes et se souvient de sa miséricorde envers ceux qui le craignent (cf. Lc 1, 50-53).

En puisant dans le cœur de Marie, dans la profondeur de sa foi, exprimée par les mots du *Magnificat*, les disciples du Christ sont appelés à renouveler toujours mieux en eux-mêmes la conscience de ceci : on ne peut séparer la vérité sur Dieu qui sauve, sur Dieu qui est source de tout don, de la manifestation de son amour préférentiel pour les pauvres et les humbles, amour qui, chanté dans le *Magnificat*, se trouve ensuite exprimé dans les paroles et les actions de Jésus.

*Conseil pontifical Justice et Paix*

# LA RENCONTRE

« Marie porte en elle
l'enfant de la promesse :
Dieu est à l'œuvre en elle. »

Dominicain puis évêque d'Oran, **PIERRE CLAVERIE** a fait le choix de demeurer en Algérie au péril de sa vie. Assassiné en 1996, il a été béatifié avec dix-huit autres martyrs de l'Algérie le 8 décembre 2018.

La Visitation est un lieu important pour avoir une attitude juste vis-à-vis de l'autre, qui consiste à porter ce que l'on porte comme Marie portait son enfant, donc être soi-même, se laisser habiter par son enfant, par Jésus, par l'homme nouveau. Mais aussi aller vers l'autre en lui révélant par la confiance, par l'amitié ce qu'il porte de beau. Cette parole prophétique qu'Élisabeth portait, c'était Jean Baptiste. Marie porte en elle l'enfant de la promesse : Dieu est à l'œuvre en elle, l'Esprit l'habite et la pousse à la rencontre d'Élisabeth qui porte aussi un enfant promis et donné par Dieu dans sa vieillesse. Dans la salutation, ce que les femmes portent tressaillit en elles. Plus tard, Jésus sera l'homme de ces rencontres où chacun révèle le meilleur de lui-même : il n'impose pas sa vérité mais l'autre finit par découvrir qu'il répond à son attente la plus profonde. C'est ainsi que nous sommes appelés à rencontrer les autres, non-chrétiens, musulmans ou autres, d'abord en portant en nous le Christ vivant et non quelque vérité extérieure ou quelque idéologie, en allant vers l'autre avec respect car nous croyons qu'il porte aussi en lui une part de la vérité que nous cherchons. Dieu a déposé en lui des richesses qui nous manquent pour que Jésus même nous révèle la plénitude de sa richesse. En nous mettant à son service, et non en lui imposant notre présence et notre volonté – comme Marie auprès de sa parente plus âgée –, en cherchant à valoriser ce qu'il porte de bon à nos yeux en demeurant l'un chez l'autre assez longtemps pour que naissent la confiance et les mots pour dire ce qui nous tient le plus à cœur. Ce faisant, et dans l'humilité, nous donnons ainsi à l'autre la possibilité d'accueillir Jésus même.

*Bienheureux Pierre Claverie*

# NAISSANCE EN NOS ÂMES

« Le Christ est venu,

selon la chair, au terme

de l'espérance d'Israël. »

Historien des origines chrétiennes, spécialiste des Pères de l'Église et théologien, le **PÈRE DANIÉLOU, S.J.** († 1974), créé cardinal en 1969, fut expert au concile Vatican II.

*Le cardinal Jean Daniélou évoque ici la période de l'Avent.*

Le mystère que nous vivons en ce moment dans le monde est celui de cette venue progressive du Christ dans toutes les âmes et dans toutes les nations. En effet, si le Christ est venu, selon la chair, au terme de l'espérance d'Israël, et si Marie a vu celui qu'elle attendait, et si elle a tenu dans ses bras ce petit enfant né à Bethléem et si elle a pu saluer, comme Siméon, celui qui était l'attente des nations, on peut dire que Jésus est venu. Il est venu, mais il est toujours celui qui doit venir. Il est venu, mais non pas encore entièrement venu ; et si l'attente d'Israël est comblée, cette attente subsiste cependant. Nous sommes toujours dans l'Avent, dans l'attente de la venue du Messie. Il est venu, mais il n'est pas encore pleinement manifesté. Il n'est ni pleinement manifesté dans chacune de nos âmes, ni pleinement manifesté dans l'humanité entière, c'est-à-dire que de même que Jésus est né selon la chair à Bethléem de Judée, de même il doit naître spirituellement dans chacune de nos âmes. Il y a une Nativité perpétuelle de Jésus en nous qui est tout le mystère de la vie spirituelle.

*Cardinal Jean Daniélou*

# UN PRÉCIEUX PRÉSENT AU CIEL

« La présence de Marie
éclaire le monde entier,
c'était au point que les cieux
eux-mêmes brillent
d'un plus vif éclat. »

Consulté par les princes et les papes, **SAINT BERNARD** († 1153), moine de Cîteaux, a fait rayonner, au XIIe siècle, l'ordre cistercien dans toute l'Europe.

En montant aujourd'hui dans les cieux, la glorieuse Vierge a certainement porté à son comble la joie des citoyens du ciel. Car elle n'est rien moins que celle dont la voix fit tressaillir de joie, dans les entrailles d'une mère qu'elle a saluée, l'enfant qui y était encore enfermé. Si l'âme d'un enfant qui n'était pas encore né s'est fondue de bonheur à sa voix, quelle ne dut pas être l'allégresse des esprits célestes quand ils eurent le bonheur d'entendre sa voix, de contempler son visage ? Et même pour nous, mes frères bien-aimés, quelle fête n'est point le jour de son Assomption, quels motifs de joie et de bonheur n'y a-t-il point dans son assomption ? La présence de Marie éclaire le monde entier, c'est au point que les cieux eux-mêmes brillent d'un plus vif éclat, à la lumière de cette lampe virginale. C'est donc avec raison que les actions de grâce et les chants de gloire retentissent dans les cieux. … Aujourd'hui notre terre a envoyé un précieux présent au ciel, pour rapprocher, par cet heureux échange de présents d'amitié, les hommes de Dieu, la terre des cieux, notre bassesse de l'élévation suprême. Un fruit sublime de la terre s'est élevé là d'où nous viennent tous dons excellents, tous dons parfaits, et une fois montée dans les cieux, la bienheureuse Vierge comblera à son tour les hommes de ses dons.

*Saint Bernard de Clairvaux*

# SE CONFIER AU CŒUR DE MARIE

« Parce qu'aussi

elle est toute *Espérance.* »

Profondément mystique, **CHARLES PÉGUY** († 1914), écrivain et poète, revint à la foi catholique en 1908 et fit plusieurs pèlerinages à Notre-Dame de Chartres. Son œuvre poétique forme une ample méditation sur les mystères de l'Incarnation et de la grâce.

Il y a des jours où les patrons et les saints ne suffisent pas. Les plus grands patrons et les plus grands saints. Les patrons ordinaires, les saints ordinaires. Et où il faut monter, monter encore, monter toujours ; toujours plus haut, aller encore. ... Alors il faut prendre son courage à deux mains. Et s'adresser directement à celle qui est au-dessus de tout. Être hardi. Une fois. S'adresser hardiment à celle qui est infiniment belle. Parce qu'aussi elle est infiniment bonne. À elle qui intercède. La seule qui puisse parler avec l'autorité d'une mère. S'adresser hardiment à celle qui est infiniment pure. Parce qu'aussi elle est infiniment douce. À celle qui est infiniment noble. Parce qu'aussi elle est infiniment courtoise. ... À celle qui est infiniment riche. Parce qu'aussi elle est infiniment pauvre. À celle qui est infiniment haute. Parce qu'aussi elle est infiniment descendante. À celle qui est infiniment grande. Parce qu'aussi elle est infiniment petite. Infiniment humble. Une jeune mère. À celle qui est infiniment jeune. Parce qu'aussi elle est infiniment mère. À celle qui est infiniment droite. Parce qu'aussi elle est infiniment penchée. À celle qui est infiniment joyeuse. Parce qu'aussi elle est infiniment douloureuse. ... À celle qui est toute Grandeur et toute Foi. Parce qu'aussi elle est toute Charité. À celle qui est toute Foi et toute Charité. Parce qu'aussi elle est toute *Espérance*.

*Charles Péguy*

# LA VIERGE À MIDI

« Mère de Jésus Christ,

soyez remerciée ! »

**PAUL CLAUDEL** († 1955) a été très influencé par Rimbaud. Son œuvre est également marquée par la foi catholique, dont il a reçu la révélation en 1886, le jour de Noël. Élu à l'Académie française en 1946, il a consacré le reste de sa vie à l'étude de textes bibliques.

Il est midi. Je vois l'église ouverte. Il faut entrer.
Mère de Jésus Christ, je ne viens pas prier.
Je n'ai rien à offrir et rien à demander.
Je viens seulement, Mère, pour vous regarder.
Vous regarder, pleurer de bonheur, savoir cela
Que je suis votre fils et que vous êtes là. ...
Parce que vous êtes belle, parce que vous êtes immaculée,
La femme dans la Grâce enfin restituée,
La créature dans son honneur premier
et dans son épanouissement final,
Telle qu'elle est sortie de Dieu au matin de sa splendeur originale.
Intacte ineffablement parce que vous êtes la Mère de Jésus Christ,
Qui est la vérité entre vos bras, et la seule espérance et le seul fruit.
Parce que vous êtes la femme,
l'Éden de l'ancienne tendresse oubliée.
Dont le regard trouve le cœur tout à fait
et fait jaillir les larmes accumulées.
Parce que vous m'avez sauvé, parce que vous avez sauvé la France.
Parce qu'elle aussi, comme moi,
pour vous fut cette chose à laquelle on pense.
Parce qu'à l'heure où tout craquait,
c'est alors que vous êtes intervenue.
Parce que vous avez sauvé la France une fois de plus.
Parce qu'il est midi, parce que nous sommes en ce jour d'aujourd'hui.
Parce que vous êtes là pour toujours,
simplement parce que vous êtes Marie,
simplement parce que vous existez
Mère de Jésus Christ, soyez remerciée !

*Paul Claudel*

# UNE MÈRE QUI ACCUEILLE

« N'oubliez pas qu'il y a toujours un grand rapport entre l'espérance et l'écoute. »

**JORGE MARIO BERGOGLIO, S.J.**, né en 1936 à Buenos Aires, a été élu pape sous le nom de François en 2013.

Nous nous tournons aujourd'hui vers Marie, Mère de l'espérance. Marie a traversé plus d'une nuit sur son chemin de mère. Dès sa première apparition dans l'histoire des Évangiles, sa figure se distingue comme s'il s'agissait du personnage d'un drame. Il n'était pas facile de répondre par un « oui » à l'invitation de l'ange : pourtant, femme encore dans la fleur de la jeunesse, elle répond avec courage, bien qu'elle ne sache rien du destin qui l'attend. À cet instant, Marie nous apparaît comme l'une des nombreuses mères de notre monde, courageuses jusqu'à l'extrême, quand il s'agit d'accueillir dans leur sein l'histoire d'un homme nouveau qui naît.

Ce « oui » est le premier passage d'une longue liste d'obéissances – une longue liste d'obéissances ! – qui accompagneront son itinéraire de mère.

... C'est une femme qui écoute : n'oubliez pas qu'il y a toujours un grand rapport entre l'espérance et l'écoute, et Marie est une femme qui écoute. Marie accueille l'existence de la façon dont elle se présente à nous, avec ses jours heureux, mais également avec ses tragédies que nous voudrions ne jamais avoir croisées. Jusqu'à la nuit suprême de Marie, quand son Fils est cloué au bois de la croix.

*Pape François*

# *STELLA MARIS*

« Celle qui est restée ferme dans l'espérance au pied de la Croix, est pour nous un modèle et un soutien. »

**BENOÎT XVI** a été pape de 2005 à 2013.

Sur les traces du peuple de l'espérance – formé des prophètes et des saints de tous les temps – nous continuons à marcher vers la réalisation du Royaume, et sur notre chemin spirituel, la Vierge Marie, Mère de l'Espérance, nous accompagne. Celle qui a incarné l'espérance d'Israël, qui a donné au monde le Sauveur et qui est restée ferme dans l'espérance au pied de la Croix, est pour nous un modèle et un soutien. Par-dessus tout, Marie intercède pour nous et nous guide de l'obscurité de nos difficultés à l'aube radieuse de la rencontre avec le Ressuscité. Je voudrais conclure ce message, chers jeunes amis, en faisant mienne la belle et célèbre exhortation de saint Bernard, inspirée par le titre de Marie *Stella Maris*, Étoile de la mer : « Toi donc, qui que tu sois en ce monde, ballotté par les flots à travers bourrasques et ouragans plutôt que marchant sur la terre ferme, si tu ne veux être englouti par la tempête : ne quitte pas des yeux cet astre étincelant. Que se lèvent les vents des tentations, que surgissent les écueils de l'adversité : regarde l'étoile, invoque Marie... Dans les périls, dans les angoisses, dans les situations critiques : pense à Marie, invoque Marie... En la suivant, tu es sûr de ne pas dévier ; en l'implorant, de ne pas désespérer ; en pensant à elle, de ne pas te tromper. Si elle te soutient, tu ne tomberas pas ; si elle te protège, tu n'auras pas à craindre ; si elle te conduit, tu ne connaîtras pas la fatigue ; avec son aide tu parviendras au but » (*Homélies sur les gloires de Marie,* 2, 17).

*Benoît XVI*

# MARIE, MIROIR DE L'ESPÉRANCE D'AUJOURD'HUI

« Marie peut être considérée comme le miroir reflétant les espérances des hommes de notre temps. »

**PAUL VI** pape de 1963 à 1978, a poursuivi le travail du IIe concile du Vatican, que Jean XXIII avait ouvert en 1962, et il l'a clos en 1965.

La lecture des divines Écritures, faite sous l'influence de l'Esprit Saint et sans oublier les acquisitions des sciences humaines et les situations variées du monde contemporain, conduira à découvrir que Marie peut être considérée comme le miroir reflétant les espérances des hommes de notre temps. Ainsi, pour donner quelques exemples, la femme d'aujourd'hui, désireuse de prendre part au pouvoir de décision et aux choix de la communauté, contemplera avec une joie intime Marie qui, dans son dialogue avec Dieu, donne son consentement actif et libre non pas à la solution d'un problème contingent, mais à « l'événement des siècles », comme a été justement dénommée l'Incarnation du Verbe. On se rendra compte que le choix par Marie de l'état virginal, qui dans le plan de Dieu la préparait au mystère de l'Incarnation, ne fut point fait de fermeture aux valeurs de l'état conjugal, mais constitua un choix courageux, accompli pour se consacrer totalement à l'amour de Dieu. On constatera avec une joyeuse surprise que Marie de Nazareth, tout en étant totalement abandonnée à la volonté du Seigneur, ne fut pas du tout une femme passivement soumise ou d'une religiosité aliénante, mais la femme qui ne craignit pas de proclamer que Dieu est celui qui relève les humbles et les opprimés et renverse de leur trône les puissants du monde (cf. Lc 1, 51-53).

*Saint Paul VI*

## BIBLIOGRAPHIE


### LA FOI EST ESPÉRANCE .......... p. 7

Bernard Panafieu, *Avec saint Matthieu, accueillir la miséricorde,* Paris, Parole et Silence, 2009, p. 60-61.

Charles Péguy, « Le porche du mystère de la deuxième vertu », *Œuvres poétiques complètes*, Paris, Gallimard, 1975, p. 571-572.

Paul Tillich, *Dieu au-dessus de Dieu*, Paris, Les bergers et les mages, 1997, p. 97. © D.R.

Françoise Dolto, *L'Évangile au risque de la psychanalyse,* T. 1, Paris, « Points Essais », p. 107. © Éditions du Seuil, 1980, n.e., 2015

Adrienne Von Speyr, *Élie,* Paris, Lethielleux, 1981, p. 63.

André Vingt-Trois, *Croire, espérer, aimer,* Paris, Presses de la Renaissance, 2007, p. 14-15.

Louis Bouyer, *Venez car tout est prêt,* Paris, Éditions Ad Solem, 2012, p. 67-68. © Éditions Ad Solem.

Carlo Maria Martini, *Le Notre Père,* Saint-Maurice, Éditions Saint-Augustin, 2001, p. 65. © Éditions Saint-Augustin

Pseudo-Macaire, *Homélie 31,* trad. L. Brésard, 2000 ans d'homélies, année A, Perpignan, Socéval, 2001, p. 24-25.

Albert-Marie Besnard O.P., « L'attente chrétienne dans le monde technique d'aujourd'hui », dans *Assemblées du Seigneur,* vol. 2, Paris, Biblica, 1962, p. 84-85. © D.R.

### L'ESPÉRANCE DANS LA RÉSURRECTION .... p. 29

Walter Kasper, *L'Espérance est possible,* Paris, Éditions du Cerf, 2002, p. 108-109. © Les Éditions du Cerf

Véronique Margron, *La Croix*, 7 avril 2009, p. 28.

Saint Pierre Chrysologue, *Sermon 53,* 2, CCL 24A, p. 374-375, trad. M. Bonnot, *L'année en fêtes*, Paris, Éditions Migne, 2000, p. 252-253. © Éditions Migne

Bienheureux Columba Marmion, *Le Christ dans ses mystères,* Paris, Maredsous, 1942, p. 336. © D.R.

Christiane Rancé, *Lettre à un jeune chrétien,* Paris, Tallandier, 2017, p. 39-40.

Paul De Clerck, « Baptême et existence chrétienne », dans Albert Houssian (dir.) et al., *Le baptême, entrée dans l'existence chrétienne*, Bruxelles, Publications des Facultés universitaires Saint-Louis, 1983, p. 91-111.

Pape François, Exhortation apostolique *La joie de l'Évangile*, 278, © L.E.V.

Saint John Henry Newman, *Sermons paroissiaux*, T. 1, Paris, Éditions du Cerf, 1993, p. 186. © Les Éditions du Cerf

Conseil pontifical pour la promotion de l'unité des chrétiens et Conseil œcuménique des Église, *Textes pour la semaine de prière pour l'unité des chrétiens et pour toute l'année 2012,* © L.E.V.

Louis Bourdaloue, *Œuvres complètes publiées par des prêtres de l'Immaculée Conception de Saint-Diziers*, Tours, Cattiers, 1864, vol. II, p. 329.

## L'ESPÉRANCE EN LA PROMESSE......................p. 25

Romano Guardini, *Vie de la foi,* Paris, Édition du Cerf, 1968, p. 66-67. © Les Éditions du Cerf

Saint Claude La Colombière, *Écrits spirituels,* Paris, Desclée de Brouwer, 1982, p. 517. © Éditions Desclée de Brouwer

Paul Evergetinos, *Paroles et exemples des anciens*, I, 1,5, trad. N. Molinier, Monastère Saint-Antoine-le-Grand et Monastère de Solan, 2009, p. 35-36.

Saint Grégoire de Nysse, *Homélie 6 sur les Béatitudes* 1-2, trad. F. Quéré dans *Les Pères dans la foi* 10, Éditions Migne, Paris, 1995, p.81-82.

Pierre-André Liégé O.P., *L'Être-ensemble des chrétiens,* Paris, Le Centurion, 1975, p. 22 et 24. ©D.R.

Jean-Marie Lustiger, *La Promesse,* Paris, Parole et Silence, 2002, p. 173.

Benoît XVI, *Encyclique Spe Salvi, 2007,* © L.E.V.,2021.

Bienheureux Thomas a Kempis, *L'Imitation de Jésus-Christ*, II, 21, Paris, Éditions du Cerf, 1989. © Les Éditions du Cerf

Lucien Dalloz, *Le Pain de la vie et la Coupe du salut,* Paris, Parole et Silence, 2008, p. 125-126. © Parole et Silence

Saint Augustin d'Hippone, Sermon sur le psaume 81, dans *Revue des études augustiniennes* 39, éditions F. Dolbeau, 1993, p. 97, trad. inédite de Michel Dujarier pour MAGNIFICAT. © D.R.

## VIVRE DE L'ESPÉRANCE........p. 73

Adrien Candiard O.P., *Veilleur, où en est la nuit ?,* Paris, Éditions du Cerf, 2016, édition électronique. © Les Éditions du Cerf

Jean-Louis Chrétien, *Pour reprendre et perdre haleine,* Paris, Bayard 2009, p. 166-167. © Bayard Éditions.

Saint Bède le Vénérable, Homélie 12 pour la Vigile de Pentecôte, trad. Orval, PL 94, p. 196-197.

Saint Jérôme, Commentaire sur Matthieu 9, 9, trad. É. Bonnard, Paris, Éditions du Cerf, Sources Chrétiennes 242, 1977, p. 169-171. © Éditions du Cerf

Bruno Forte, *En te suivant, lumière de la vie,* Paris, Parole et Silence, 2004, p. 107. © Parole et Silence.

Saint Jean-Marie Vianney, *Sermons,* t. 1, Paris, Éditions Sainte Jeanne-d'Arc, 1982, p. 254-255.

Philippe Mac Leod, *Avance en vie profonde,* Paris, Éditions Ad Solem, 2012, p. 72-73. © Éditions Ad Solem

Concile Vatican II, Décret *Apostolicam Actuositatem*, 4, 1965, © L.E.V.

Frédérick William Faber, *Conférences spirituelles,* Paris, Victor Retaux et Fils, 1893, p. 31-32.

Pierre d'Ornellas, « Vivre », dans *Voici l'homme,* Conférence Notre-Dame de Paris, Carême 2006, Paris, Parole et Silence, 2006, p. 154-155. © Parole et Silence

## MARIE, MÈRE DE L'ESPÉRANCE........................ p. 95

Benoit XVI, *Spe Salvi,* 50, 2007. © L.E.V., 2021

Conseil pontifical Justice et Paix, *Compendium de la doctrine sociale de l'Église,* Paris, Bayard-Cerf-Fleurus-Mame, 2008, p. 32. © L.E.V.

Bienheureux Pierre Claverie O.P., *Marie la vivante,* Édition du Cerf, Paris, 2008, p.226-227. © Les Éditions du Cerf

Jean Daniélou, *Le Mystère de l'Avent,* Paris, Le Seuil, 1948, p. 127. © Éditions du Seuil, 1948.

Saint Bernard de Clairvaux, « Premier sermon sur l'Assomption de la Vierge Marie », dans *Œuvres complètes de saint Bernard,* t. 3, Paris, L. Vivès, 1866.

Charles Péguy, « Les litanies de Notre-Dame », in *Le Porche du mystère de la deuxième vertu*, Paris, Gallimard, p. 566-569, dans Pierre Descouvemont, Marie au cœur de nos vies, Paris, Éditions du Cerf, 1999, p. 154-155. © Les Éditions du Cerf

Paul Claudel, (1868-1955), *La Vierge à midi*, 1946.

Pape François, *Une mère qui accueille,* catéchèse sur l'espérance du 10 mai 2017. © L.E.V.

Benoît XVI, messe au jeunes du monde à l'occasion de la XXIV^e^ journée mondiale de la jeunesse, 5 avril 2009. © L.E.V.

Saint Paul VI, Exhortation apostolique *Marialis cultus*, sur le culte de la Vierge Marie, n° 37, 1974 © L.E.V.

**Avertissement de l'éditeur**

Malgré tous nos efforts, il ne nous a pas été possible de retrouver certains ayants droit des extraits cités. Ceux qui se reconnaîtront sont invités à se rapprocher de MAGNIFICAT.

## CRÉDITS ICONOGRAPHIQUES

**Couverture :** *Profil sous une arche* (v. 1905), Odilon Redon (1840-1916), collection particulière. © Heritage Images / Fine Art Images / akg-images.

**Page 6 :** *Nuages de fleurs* (v. 1903), Odilon Redon (1840-1916), Art Institute, Chicago (Il., USA). Photo : CC0 Domaine public.

**Pages 8 à 26 :** *Vase de fleurs* (v. 1906), Odilon Redon (1840-1916), The Metropolitan Museum of Art, New-York City (NY, USA). Photo : Domaine public.

**Page 28 :** *Arbres sur un fond jaune* (1901), Odilon Redon (1840-1916), Musée d'Orsay, Paris. © Alamy Stock Photo.

**Pages 30 à 48 :** *Vase de fleurs* (v. 1910) , Odilon Redon (1840-1916), The National Gallery of Art, Washington D.C. (USA). Photo : Domaine public.

**Page 50 :** *Tête de femme* (1900-1905), Odilon Redon (1840-1916), Dallas Museum of Art (Texas, USA). © Bridgeman Images.

**Pages 52 à 70 et quatrième de couverture :** *Vase de fleurs* (v. 1905), Odilon Redon (1840-1916), The Metropolitan Museum of Art, New-York City (NY, USA). Photo : Domaine public.

**Page 72 :** *Apparition* (1905-1910), Odilon Redon (1840-1916), Princeton University Art museum (NJ, USA). © Alamy Stock Photo.

**Pages 74 à 92 :** *Vase de fleurs* (v. 1905), Odilon Redon (1840-1916), The Cleveland Museum of Art (Oh, USA). Photo : CC0 1.0.

**Page 94 :** *Vierge*, Odilon Redon (1840-1916), musée des Beaux-Arts, Bordeaux, France. © Mairie de Bordeaux, musée des Beaux-Arts, photo : L. Gauthier.

**Pages 96 à 114 :** *Vase de fleurs* (v. 1905) , Odilon Redon (1840-1916), The National Gallery of Art, Washington D.C. (USA). Photo : Domaine public.

N° d'édition : MGN21054
Achevé d'imprimer en septembre 2021 par GPS en Croatie.

FSC
www.fsc.org
MIXTE
Papier issu
de sources
responsables
FSC® C118234